About the Author

My life is nothing but like yours only. I have experienced many things at this small age only. Sometimes I liked them sometimes I criticized them. As my name suggests I m a bit emotional and all these poems are the result of this nature.

This is my first book and a way to connect to you all. I hope this simple yet creative poetry will definitely create an unending interest in you. "My words may not be good but some might be your own voice".

-Bhawna Jaiswal

About the Book

"There is no age of fulfilling dreams likewise there is no special page for writing your feelings"

This book is all yours, your feelings, your dreams, your words.

It includes childhood fun, the young's romance and the old age sufferings. Love, hate, happiness, sorrow, bed, bed sheet, wall, door, insect etc. are the important parts of our life without which we can't survive a second. These things are so much attached to us that we start talking with them lively. As we move ahead in our life some of them left us or we leave some of them. But their memories fluctuates at some point of life..

The poems, "दीवारों ने कहा", "when you take me", "वो बचपन"...will surely take your heart and force you to think twice about the small things which you are ignoring due to busy hours.

Some of the poems such as, "ज़िदगी", "is this love??" mix more romance to your love life.

One of the best poem from my sight, "अगले जनम मोहे बीटिय.." most heart touching and encouraging for all the girls like me..

enjoy...

Acknowledgement

I would like to express my gratitude to many people who saw me through this book; to all those who provide support, talked things over, read, wrote, offered comments, allowed me to quote their remarks and assisting in the editing and design.

I would like to thank "Partridge publishing company" for enabling me to publish this book.

A special thanks to Jeric sir and Gemma mam, for always giving me the time whenever I need consultation.
Above all I want to thank my father for always encouraging me to move ahead and for the trust he put on me. It was a long and difficult journey for him.

A lovable thanks to Namit Sahu sir and Saurabh Sajjal sir with the help of whom I have decided to take this step forward.

Last and not the least: I beg forgiveness for all those who have been with me over the course of the years and whose names I have failed to mention.

Poetry

TAMANNA

PARTRIDGE
A Penguin Random House Company

Print information available on the last page.

To order additional copies of this book, contact
Partridge India
000 800 10062 62
orders.india@partridgepublishing.com

www.partridgepublishing.com/india

1 दारू

जाने कब से चली आ रही है ये परम्परा
महुआ को भी दवाई समझ कर पीना
हर जगह दारू
बारात में दारू
सुख में दारू
दुख में दारू
और मौका न मिले तो हर रात को दारू

जानता तो तू खुद भी है
दारू क्या है
दिमाग कम करने की दवा कहूं या
जिंदगी खत्म करने का जहर
जैसे चाहती है माँ अपने बच्चे को
वैसे ही तू चाहता है उस महुआ के रस को

आखिर क्यूं पीता है तू दारू ये इंसान
आखिर कितने दुख मिल गये
कि तुझे इसकी जरूरत आ पड़ी
या फिर सुख संभाल न सका
कि दारू में उसे घोलना चाहा৷

बीबी का गहना बेचा
बच्चों से बचपना छीना
लेकिन दारू न छोड़ सका
दुनिया से बैस किया
चोरी का हाथ थामा
उस एक बोतल के लिये
जो सिर्फ तुझे बर्बाद करेगी

जिसके कारण तेरी माँ

रात रात भर रायेगी

न होश रहता है न हवास
दारू के उस बोतल में राक्षसों का है वास
खुद तो खुश रहता है
पर देता है दूसरो को आँसू

फेफड़े खराब तेरे होंगे
दिल तो किसी और का होगा जख्मी
मत जी तू खुद के लिए
पर समझ उस बोतल में है किसी और की भी जिंदगी

मैंने तो अपना फर्ज निभा दिया ऐ इंसान
अब तूझे तेरी दारू प्यारी या तेरी शान
जीना चाहता है तो मेरी मान
वरना तू भी खोल ले जिंदगी में
बीमारी की दुकान

3माँ

माँ वह होती है जो तुम्हारी हर एक आहट
महसूस कर लेती है

तुम्हारी परछाई भी तुमसे ज्यादा उनके करीब होती है

तुम्हारी लड़खड़ाती आवाज उसके दिल तक यूं ही चली
जाती है

तुम्हारी तकलीफ उसके रूह को तुमसे ज्यादा दर्द
पहुंचाती है

तुम्हारा हर एक अश्क उनके आँखों में सौ अश्क ले आता
है

एक बार उनके सामने दिल से हंस करके तो देखना

उनके चेहरे की सिकुड़ी हुई हंसी खिल उठेगी

एक बार उसके गोद पर सोकर तो देखना

उसमें यूं ही सिमट जाने का जी करेगा

उसकी बातें

उसकी हंसी उसकी मस्ती

उसकी बीती हुई जवानी की झलक बुढ़ापे में खोजने का तरीका

खुद की साड़ी छोड़ मेरे आँचल को सवांरना

अपने हाथों से वो बचपन में लड्डू बनाकर चांवल का निवाला खिलाना

पानी की बोतल में चुपके से ग्लूकोस मिला देना

परीक्षा के वक्त उसके हाथ की मीठी दही

जुकाम के वक्त उसके हाथ की तीखी चाय

आज उससे दूर हूं पर वो मेरे करीब है

हर पल उसे मेरी चिंता

क्या खायी ???

कहां गयी??? कैसी हूं ???

सोयी की नहीं???

और उसके वो लफ़्ज बड़े गर्व से कहना, ''माँ हूं ना''

4 मैं.....मैं हूँ

दुनिया जो भी पुकारे मुझे
सुबह या रात की नजरों से देखे मुझे
रहूंगा वही जो हूं
क्यूंकि मैं.. मैं हूँ

हँसता हुआ तो हमेशा दिखता हूं
क्या कभी रोता हुआ देखा है मुझे?
श्रेय तो मुझे खुद पर है
क्यूंकि वो दर्द जिसकी तुझे आहट भी नहीं
उस पल से गुजर रहा हूं मैं
फिर भी शान से जीता हूं उस
दर्द को साथ लिए

क्यूंकि मैं.....मैं हूँ

बिगड़ता हूं तो खुद के लिए
क्या कभी दूसरों को बिगड़ता देखा है मुझे?
शिकायतों का भरमार है,
पर कभी दूसरों से शिकायत करते देखा है मुझे ?
तुझसे तो काफी समझदार हूं
क्यूंकि मैं.....मैं हूँ

संघर्ष का तो तुमने नाम ही सुना होगा
करके देखना कभी मेरी तरह
दो निवाले के लिए वक्त नहीं
रात भर चद्दर से लड़ता हूं मैं
तुम उसके बाद भी हँस सको तो कहना
मैं.....मैं हूँ

5 एक लड़का

एक लड़का ही होता है
जो तुम्हारी इज्जत उछालता है
पर एक लड़का(भाई) ही होता है
जो तुम्हारी इज्जत बचाता है
एक लड़का ही होता है
जो अपने माता पिता को दूर कर देता है
पर एक लड़का(दामाद) ही होता है
जो तुम्हारे माँ–बाप का साथ देता है

एक लड़का ही होता है जो पैसे उड़ाता है

पर एक लड़का(पिता) जो दिन—रात मेहनत करके पैसा कमाता है

एक लड़का ही होता जो तुम्हें धोखा देता है

पर एक लड़का(सच्चा प्यार) ही होता है

जो तुम्हारी एक खुशी के लिए सब कुछ भूल जाता है

एक लड़का ही होता है जो बेटी के पैदा होने से पहले ही उसे मार देता है

पर एक लड़का ही होता है जो एक बेटी को

ससुराल भेजते समय अपने आँसुओं को चुपके से पी लेता है

एक लड़का ही होता है जो दारू के लिए

अपनी ही पत्नी की कीमत लगा देता है

पर एक लड़का ही होता है

जो एक पत्नी के लिए उसके साथ करवा चौथ का व्रत रखता है

लड़का आँसू तो देता है पर खुशी भी वही देता है

9

....

6हमें आकर गले लगालो

मत करो प्यार
मत करो सम्मान
बस आकर गल लगालो

मतर मानों माँ
मत मानो पिता

बस एक एहसास दे दो
हमारा वारिस होने का
मत दो हमें जीने के लिए रोटी
वा तो गैरों के सामने हाथ
फैलाने से भी मिल जाती है
मत दो हमें सपने देखने के लिए बिस्तर
क्योंकि उन सपनों में भी नहीं होता
हमें नसीब तुम्हारा साथ
बस यूं ही आकर प्यार से गल लगा लो

राह ताकते हैं हम तेरी हर पल
यूं ही दिन गुजर जाता है
दीवार की पपड़ियों
और कचड़े की मक्खीयों के साथ
हर गाड़ी की आवाज
तेरी उस खिलौने वाले कार सी आती है
तेरी माँ पागलों की तरह दौड़ कर

11

दरवाजे तक चली जाती है
हर बच्चे को अपना बच्चा समझ बैठती है
सोचती है तू और बड़ा हो गया होगा
और यही चिखती है, ''बेटा अब तो गले लगाले''
अपनी छड़ी को तेरी ऊँगली
समझकर चार कदम चल लेता हूं
तेरा पिता हूं इसलिए हर आँसू पी लेता हूं
पर क्या करूं बेटा
तेरी माँ की ममता तो खत्म ही नहीं होती
उसकी आँखों में तेरे लिए प्यार देख रो पड़ता हूं
बेटा एक बार याद तो कर
मेरा तुझे प्यार से सराहना
तेरी चोट को झट से दूर भगााना
हो निवाला मेरा प्यार भरा तेरे मुँह में
बेटा तू सच में भूल गया
क्या ओ मेरी परछाई तू
बस एक आखिरी ख्वाईश है मेरी

तेरी एक झलक की इस दुनिया से दूर तो चले जाउं
बस एक बार आकर गले लगा लो।

7 तब ये जिन्दगी सचमुच   रूला देती है....

गमों को जब जुबाँ देती है
खुशियों को जब जहाँ देती है

यादों में जब बसा लेती है

पलकों में जब छुपा लेती है

बीते कल को जब भूला देती है
अपने आज को जब छुपा देती है

तब ये जिन्दगी सचमुच रूला देती है

न करने देती है किसी से वफा
न होने देती है किसी से खफा

बस दिखाती है प्यार भी भरे सपने
न जानती खुद कौन है इसके अपने

सहम सी जाती है अनजाने राही में
बस रहता इंतजार की सो जाऊं
फिर से उन बाहों में
न कह पाती किसी से अपनी व्यथा

14

आखिर कौन समझेगा इस नालायक की कथा

रोते–रोत जब सहला देती है
तब ये जिन्दगी सचमुच रूला देती है

8 ये तुम क्या समझोगे

खुशी के इस नकाब के पीछे क्या है
ये तुम क्या समझोगे

हँसती हुई होंठ चुप क्यूं है
ये तुम क्या समझोगे

चश्में में छुप गई है ये बहती हुई आँसू
पलकों के नीचे है क्या सपने
ये तुम क्या समझोगे

समझदार तो बहुत हूं पर नासमझ बनने की
वजह क्या है
ये तुम क्या समझोगे
प्यार तो बहुत है अंदर पर दिखाती क्यूं नहीं

ये तुम क्या समझोगे

कविताएं तो मैनें बहुत लिखी पर
इस कविता की वजह क्या है
ये तुम क्या समझोगे

9 मेरी अपनी भी तो दुनिया है

पेड़ मे कुदते गिलहरी की तरह
चीं चीं करती चिड़िया की तरह
रंग बदलते गिरगिट की तरह
टूटते बिखरते पत्तों की तरह
मेरी अपनी भी तो दुनिया है

कभी प्यार तो कभी नफरत में पलती हूं
बस एक झूठे प्यार को तरसती हूं

17

फिर भी उस झूठे एहसास से मचलती हूं
हर प्यार भरे रिश्ते की तरह
उस एक फरिश्ते की तरह
मेरी अपनी भी तो दुनिया है

जमीन में रेंगते कीड़े की तरह
चढ़कर बार बार फिसलते चींटी की तरह
अपना छत्ता बनाते मधुमक्खी की तरह
मैं भी अशियान संजोती हूं
क्यूंकि मेरी अपनी भी तो दुनिया है

किसी की आँगन मे सूखते कपड़े की तरह
सड़क किनारे बहते नाक वाले बच्चे की तरह
अपना आँसू घुटकते बेटी की तरह
खुसबू फैलाते गुलाब की तरह
मेरी अपनी भी तो दुनिया है

उदासी में चेहरे पर खिलाखिलाहट रहती है
गिरने पर मुझमें हिम्मत रहती है
ठोकर खाने पर भी सबसे प्यार करती हूं
बाबा की बेटी हूं उस पर नाज करती हूं
जीने की इच्छा तो तुम जैसे मुझको भी नहीं
फिर भी जी लेती दो पल दूसरों के लिए
आखिर तुम्हारे सपनों की तरह
मेरी अपनी भी तो दुनिया है

10 वो मनीराम

अंदर से कितना उदास था वो
चिंता नजर आती उसके माथे की हर एक लकीर पर
फिर भी गम न था
शायद उसे.... एक हाथ होने का
ना जाने उस मनी राम को किस चीज की थी फिक्र?

करना चाहे तो भी किस से करे वो अपनी जिक्र

सहता हंसते हंसते सब कुछ

अपने परिवार अपने बच्चों के लिए

आखिर मनीराम को भी गर्व है

एक पिता, एक पति होने का

11

आँसू की हर एक बूंद से सवाल करता है वह

अगर उसके हुए तो खुद पर हंसता है वह

अगर मेरे ! तो खुद को कोसता है वो

गणित की हर एक अंक से सवाल करता है वो

वो अंक उसके हैं या मेरे?

अगर मेरे! तो थोड़ा और पढ़ लेता है

अगर उसके ! तो किताबें बंद कर लेता है वह
अपने हर एक सपने से सवाल करता है वो
अगर मेरे हुए तो पूरा करने को उड़ चलता है
अगर उसके! तो समझौता कर लेता है वो
अपनी हर हंसी से सवाल करता है वो
अगर उसके हुए तो चुप हो जाता है
अगर मेरे हुए तो थोड़ा और हंस लेता है वो
बस जिन्दगी में चाहता है एक और जिंदगी को
अगर पास हो तो जी भर के प्यार कर लेता है वह
अगर दूर हो तो ...और दूर जाने की तलाश करता है वो

12 मैं खुश हूँ

भरे भीड़ में तन्हा रहने की आदत है
अपने ही सपनों में खो जाने की आदत है
फिर भी अपने टूटते सपनों को देखकर
मैं खुश हूँ
जानती हूं मेरी खुशी से कोंई खुश नहीं

अब मेरे ख्वाब में कोंई शख्स नहीं
पर जो मेरे दुख मे खुश है
उन्हें देख मैं खुश हूं

माँ के डांट से पापा के फटकार से
रास्ते चलते दोस्तों के दिखावे में
जो लोग मुझे अपना समझते ही नहीं
उन लोंगो से मैं खुश हूं

रसायन के क्रिया हो या
भौतिकी के सूत्र
मेरे छुपी हुई भावनाएं हो या
भरे बाजार में मेरी प्रतिष्ठा
जो कविता दूसरे महसूस नहीं कर पाते
अपनी उस कविता से मैं खुश हूं

मेरे होंठो की हंसी शायद नहीं समझेगा कोंई

बहती हुई आँसू शायद देख न सकेगा कोंई
शायद बितानी है मुझे अपनी जिंदगी
इन आँसूओं के छाँव में
फिर भी खुदा के इस फैसले से मैं खुश हूं

13 अगले जनम मोहे बिटिया ही कीजो

हर पल रूलाया मुझे
हर दुख दिया मुझे

मुझे उसकी परवाह नहीं
क्यूंकि ताकत भी तुझहि ने दी
अगले जनम मोहे बिटिया ही कीजो

जैसे कपड़े पुराने होने पर फेंक दिए जाते हैं
पर वो पुराने कपड़े भी किसी के एहसान बन जाते हैं
जो काम न आए वैसी गुड़िया न कीजो
अगले जनम मोहे बिटिया ही कीजो

लोग जब मुझे धिक्कारतें हैं
काम के समय सहलाते हैं
जो ताकत उनसे लड़ती है
वैसी हिम्मत वाली लड़की ही कीजो
अगले जनम मोहे बिटिया ही कीजो

हर वक्त आँसू रोकती है
हर वक्त दूसरों का मुस्कारते हुए देखना चाहती है

अपने संस्कार का सम्मान करती है
वैसी पापा की रानी ही कीजो
अगले जनम मोहे बिटिया ही कीजो

अपने शौक से जो समझौता करती है
माँ की सहेली बनकर खिलखिलाती है
हर सूने आंगन को खिलखिलाना सिखाती है
वैसी छनछनाहट वाली घूंगरू ही कीजो
अगले जनम मोहे बिटिया ही कीजो

पापा की शान की बनना चाहती है
घर को अशियान बनाना चाहती है
अपनी सपनों भरी दुनिया में खुद को खुश पाती है
अपने प्यार की कद्र खुद से ज्यादा करती है
वैसी हमसफर ही कीजो
अगले जनम मोहे बिटिया ही कीजो
एक छोटी सी चुप्पी बहुत कुछ कह जाती है

एक प्यारी सी मुस्कान जन्नत ले आती है
जिसे कुछ लक्ष्मी कुछ बोझ समझते हैं
वैसी रहगुजर ही कीजो
अगले जनम मोहे बिटिया ही कीजो

किसी के नजरों की ताज बन जाऊं
किसी के दिल की   साज बन जाऊं
ऐसी क्षमता मुझको दीजो
अगले जनम मोहे बिटिया ही कीजो

एक लड़के की तरह सहनशील बनूं
एक हीरे की कठोर रहूं
एक गाड़ी की तरह तेज रहूं
एक पतंग की तरह आसमान के करीब चली जाऊँ
एक फूल की तरह महकती रहूं
एक चिड़िया की चहचहाती रहूं
एक ध्रुव कर चमकती रहूं

26

एक कलम की अपनी कहानी लिखती रहूं
एक सीसमिट्टी की तरह हर दुख मिटाती रहूं
ऐसी मर्दानी ही कीजो
अगले जनम मोहे बिटिया ही कीजो

14 संघर्ष

संघर्ष तेरी प्रतिक्रिया है
संघर्ष तुझे करना है
भले ही तू मर जाना
पर सिर ऊँचा कर तुझे जीना है
मत देख अपने दर्द को इतनी गहराई से
जरा देख उसे जो दर्द में संघर्ष कर रहा है
चलता चल यूं ही हंसते हंसते
बस संघर्ष कर

अगर चलती राह पर गिर गया
तो कोंई बात नहीं
चल उठ अब संघर्ष कर
अगर हंसते हंसते आँखो से आँसू छलक गये

तो कोंई बात नहीं आँसू पोंछ और संघर्ष कर
महसूस कर उसे आराम से नहीं
देख उसे संघर्ष करते हुए
मत बहने अपने पसीने को यूं ही
बहने दे उसे संघर्ष करते
तूने देखा है कभी ''सोने'' करे संघर्ष करते
देख जरा सीख उससे
करते जा संघर्ष तू करते जा
चमकता जा यूं ही
बस संघर्ष कर

15 ये जिंदगी

आज तूझे खुद से
दूर करती जा रही है से जिंदगी
खुद को सागर और तूझे पथिक
कहती जा रही है ये जिंदगी

समय का रेत फिसल चुका
और तेरे पास कुछ नहीं
तूझे ये एहसास दिलाते जा रही है ये जिंदगी

तेरे साथ वफा बेवफाई का खेल खेलने जा रही ये जिंदगी

तू अपनी किस्मत क्या कोसेगा

जब तेरी जान ही तूझ से ही दूर करते जा रही है ये जिंदगी

तू जी लेना मर मर के
क्यूंकि तूझसे यही मांग रही है ये जिंदगी

तू कभी मत हंसना
क्यूंकि तूझे बस आँसूओं के साथ
देखना चा रही है ये जिंदगी

तेरी जिंदगी तो कभी तेरी हुई ही नहीं
शायद तूझे यही बताना चाह रही है ये जिंदगी

अब कभी सपने मत देखना
जीना तो साहस और संघर्ष से
हारना मत, नहीं तो
सपने टूटेंगे इसी तरह

31

जैसे अब तोड़ते जा रही है ये जिंदगी

रो रो कर याद करना उसे
तूझे यादों के सहारे
अब जिंदा रखना चाह रही है ये जिंदगी

16 जिंदगी का हर पहलू..........

जिंदगी का हर पहलू
पहचानना सीख लिया है

अब हर पल मुस्कुराना सीख लिया है
गलती से दो बूंद आँसू छलक आए
तो उन आँसूओं को भी सूखाना सीख लिया है
कद्र तो उनकी आज भी है
पर उस कद्र को मिटाना सीख लिया
इस बड़े से जिंदगी में छोटी–मोटी बातों को
मैंने भुलाना सीख लिया
हर पल वो हंसता रहे
यह ख्वाइश का सिलसिला छोड़ दिया
दोस्तों की दोस्ती में खुश जरूर हूं
पर उनमें से सच्चा हमसफर ढूंढ़ना छोड़ दिया
करना तो बहुत कुछ चाहती हूं
पर अपने सपनों से सपना तोड़ना सीख लिया
वो मिले न मिले मुझे
उसको पाने के लिए
मैंने दुआ करना छोड़ दिया
वो अहमियत क्या समझेगा मेरी

आखिर उसके लिए मैंने खुद का अहमियत भूला दिया

अब वो रोये मेरे लिए तो मैं क्यू उसके अश्कों का रोकूं

आखिर मैंने अपना प्यार छुपाना सीख लिया

समंदर में मोती की चाह तो सब रखते हैं

पर मैंने हीरे की भी चाह रखना छोड़ दिया

दूसरों को अपने बारे में कैसे बताऊं

आखिर मैंने हर गम छुपान सीख लिया

जिंदगी के दो पहलू तो समझ नहीं पायी

पर जिंदा रहते मरना सीख लिया

अब यूं ही हंसती रहती हूं

हिम्मत को साथ रखती हूं

आँसू नहीं बहाऊंगी अब कभी

आखिर मैंने जिंदगी का हर पहलू पहचानना सीख लिया

तूझे यह कविता पढ़कर थोड़ी हैरानी हो

पर यह सोचना भी मैंने छोड़ दिया

17 ...मान जाओ न दादा
बहन बोझ नहीं होती
अब तो मान लो ना दादा
शाम हो गई अब तो घूमने चलो ना दादा

लड़के तो घूरेंगे ही
आप किसी को मत घूरो ना दादा

सुनते सुनते थक गई
उनकी अश्लीलता भरी बातें
मेरे कानों को प्यारों भर देना भाई

अंधेरे से डर लगता है
अब तो सीने से लगा लो ना दादा

मम्मी तो लड़की ही है

आप तो मुझे बहादुर बना दो ना दादा
इतने दिन तो लड़ाई किया
अब इस लड़ाकू को जुदा ना करो ना दादा

डोली में बैठा ही दिया

तो आँसू तो मत निकालो ना दादा

आपकी मुस्कान मेरी खुशी है
एक बार तो मान जाओ ना दादा

आपने मेरी हर बात मानी
एक बात और मान लो ना दादा

अपने पास ले जाओ
इस दुनिया से बचालो ना भाई

डर लगता है उनकी हवस भरी नजरों से
कहीं मेरे ही जिस्म का दाम ना लगा दे
मुझे अब उनसे छुड़ा लो ना दादा

कब तक यूंही लड़ती रहूं अकेले उनसे
अब तो मेर साथ दे दो ना दादा!!!

18 भावना

भावना वो है जो हर पल जीना जानती है

भावना वो है जो किसी से नफरत नहीं कर सकती

भावना वो है जो अपनों को खुद से ज्यादा

अपना मानती है

भावना वो है जा हंसते हंसते

अपने हर दुख में हंस लेती है

भावना वो है जो दूसरों

की तकलीफ दूर कर देती है

भावना वो है जो तू अभी

महसूस कर रहा है

भावना वो है जो चलती रहती है
काले बादल की तरह
कभी किसी को छांव देते
तो कभी किसी को धिक्कार सुनते
भावना वो है जो मरना चाहती है शान से
भावना वो है जिसे कोंई समझ नहीं सकता
भावना वो है जो धरती पर एक है
भावना वो है जिसे खुद से इतना प्यार है कि
किसी का खुद का होने नहीं देती
एक बार आजमा करतो देख इसे
तू दो कदम उसका साथ देगा
पर उसे जिंदगी भर आने साथ पाएगा
भावना वो है जिसे तेरी तकलीफ
से ज्यादा तकलीफ होती है
भावना वो है जो बचपन खोकर
बच्चों की तरह जीती है
भावना वो है जो तेरी जिंदगी

का एक हिस्सा है
पर तेरी जिंदगी का सबसे बड़ा किस्सा है।

19 आज तू फिर आ गया

उन हवा के झोकों के साथ
चिड़िया के चहचहाट के साथ
सूरज की उस रोशनी के साथ
आज तू फिर आ गया

उस प्यार की कद्र मुझे
इस दुनिया की उस दुनिया मे
जिक्र है मुझे
पनाहों में उसकी पलती हूं

उस पनाह से दूर करने
आज तू फिर आ गया

बहकी बहकी कहानियां बनाकर
झूठी मूठी बातों से बहलाने
छोटे मेरे सपनों को तोड़ने
आज तू फिर आ गया

20 तब पता चला
आपने ऊँगली थामा और चलना सिखाया
जब ऊँगली छोड़ी तब पता चला
आपने रोने पर मुझे चुप करारा था
हाथी घोड़े की सवारी कराया था
खुद का रूलाया और मुझे हंसाया था
जब किसी ने आंसू नहीं पोंछा
तब पता चला
जब एक टॉफी मांगा

तो आपने पांच चाकलेट दिये
जब एक परछाई मांगी तब पूरा संसार दे दिया
लौकी की सब्जी पसंद नहीं आयी
तो भिण्डी का साक पकाया
सुबह पांच बजे से उठकर
अपने आप को चूल्हे के आग में तपाया
आज जब हास्टल के छांव में रहना पड़ा
तब पता चला

जब स्कूल में प्रोग्राम था
तब आप थे मुझे सराहने के लिए
जब परीक्षा परिणाम घोषित हुआ
तब आप थे शाबासी देने के लिए
आज जब किसी ने पीठ नहीं थपथपाया
तब पता चला

जब गिरती थी तब आपने संभाला था

जब गलती हुई तब आप ही ने सुधारा था
आज जब गलत काम किया
तब पता चला

जब कविता लिखती थी
आप सुनते थे
मेरी पीठ बड़े गर्व से थपथपाते थे
आज जब भरे भीड़ मे आपको खोजा
तब पता चला

जब घर से निकलती
तो आप ने पूछा कब आओगी
जब घर आती
तब पूछा क्या क्या हुआ
आज जब आजादी से डर लगा
तब पता चला

अपना समान बांधा और चल पड़ी

वो पल जब लगा

मेरी परछाईं अभी भी वहीं खड़ी

घुटक तो लिया था उस वक्त अपने आंसूओं को

पर फिर भी आपको याद कर आज रो पड़ी

जब रहना पड़ा आपके बिना

तब पता चला, तब पता चला.........

21 मत रो

अब जरा हँस ले

खिलखिलाते अपने होठों के लिए

पर उन गैरों के लिए

मत रो

जी ले थोड़ा और
छू ले तू आसमान
पर उन बेवफाओं के लिए
मत रो

चल चलते हैं जिंदगी की सैर करने के लिए
जहां तू और तेरी खुशी है
जो तुझे हँसने नहीं देते उन निकम्मों के लिए
मत रो

तेरे भी कुछ सपने है
तेरे भी कुछ अपने हैं
पर जो तुझे अपना मानते ही नहीं
उनके लिए मत रो

हिम्मत है तुझमें बहुत
चाहत है तुझमें बहुत
टूटने न देना इन चाहतों को
इन सपनों को तोड़ने वालों के लिए
मत रो

बहुत खूबसूरत है तू
बहुत खूबसूरत है तेरी सोच
जो तेरी खूबसूरती नहीं देख पाते
उनके लिए मत रो

चिल्लाने वालों को चिल्लाने दे
नाराज होने वालों को नाराजगी दिखाने दे
तू उन्हें मनाने के लिए
मत रो

तेरे जस्बाद है तेरे साथ

तेरी शहादत है तेरे साथ
तेरी परछाई को भी तूझसे प्यार है
उन सबको खोने के लिए
मत रो

22 शायद कल कुछ नया हो

कल भी जिंदा थी
आज भी साँसे हैं
यही सोच में कि
शायद कल कुछ नया हो

कल भी उन्हें माफ किया
आज भी उन्हें जाने दिया
यही सोच में कि
शायद कल कुछ नया हो

कल भी उनकी बातों को सुना
आज भी सुनकर चुप हूं
शायद कल कुछ नया हो

23 कभी विश्वास मत करना

दोस्त बनाओ या दुश्मन
वादा करो या दो कसम
पर दोस्त के इस दोस्ती पर
कभी विश्वास मत करना

रोत वक्त तुम्हें कोई चुप कराये
या गिरत वक्त प्यार से हाथ थामें
इंसान के उस प्यार पर
कभी विश्वास मत करना

अगर दिल भर जाए गम से

49

मर जाना पर किसी से कहना मत
खुशियाँ मिले तुम्हें सारा जहाँ की
तो खुश रहना पर दिखाना मत
तुम्हारें खुशी मे खुशी में का दिखावा करने वाले पर
कभी विश्वास मत करना

जिंदगी है कट जायेगी
लड़कों से लड़की पट ही जायेगी
प्यार होगा चार दिनों का
और फिर धोखा
इसलिए प्यार दिखाने वाले जानवर पर
कभी विश्वास मत करना

सुनना तुम सबकी
चाहे हो तुम्हारी तारीफ
या दूसरों की बुराई
करना हमेंशा अपने दिल की

मनुज के उस कहानी पर
कभी विश्वास मत करना

हो जाओ जब तुम बिल्कुल अकेले
हिम्मत को साथ लेकर आगे बढ़ना
और अगर हिम्मत भी साथ न दे
तो घुट–घुट कर जी लेना
अनजानी राहों पर किसी अजनबी पर
कभी विश्वास मत करना

मर जाओ या जी लो अकेले
खुद पर हमेशा विश्वास रखना
बनना हमेशा विश्वास के लायक पर
कभी विश्वास मत करना

24 फिर भी मुझे खुश देखता है वो

न जाने किस धुन मे रहता है वो
किसके खोने के गम में बहता है वो
देखो, तो लगता है हर दर्द हर पीड़ा सहता है वो
हैरान तो वो भी रहता है मेरे होंठो की हँसी से

फिर भी मुझे खुश देखता है वो

कहना तो चाहता है बहुत कुछ
पर शायद इंजन चालू होने के बादके आवाज से डरता है
सपने तो बहुत देखता है
पर वो भी पानी के बुलबुलों की तरह छड़ भंगूर
जो बनते हैं और फूट जाते हैं
हँसना तो खूब चाहता है ठहाके लगाकर
पर शायद बिजली के बाद की बारिश से डरता है वो
''मैं मतलब मैं'' का नारा
लिए फिरता है वो
न चाहते हुए भी दूसरों की
नजरों में गिरता है वो
सहन शक्ति तो उसमें
बिल्कुल भी नहीं
पर न जाने मुझे सहानुभूति
के साथ सहता है वो

जब मन पड़े

शेर की तरह लगता है गुर्राने

या फिर कभी

कबूतरों की तरह जताता है प्यार

फिर भी मुझे खुश देखता वो

जानता है वो भी है

हाथों की लकीर और

कैमरें की तस्वीर के धोखों के बारे में

पर भरोसा किस पर नहीं करता!

जरा पूछो तो यारों?

प्यार, जी हां अपने प्यार के प्यार पर

पर एक चींटी पर भरोसा है उसे

फिर भी मुझे खुश देखता वो

किस्मत तो बहुत खराब है

उस किस्मत वाले की

खुशी ढूढ़ता है तो

बारिश का मौसम नजर आता है

अपने सपनों के करीब जाता है तो

अपनो से दूर होने का खौप नजर आता है

जरूरत तो बहुत है मेरी

फिर भी वो शायद खुश है

क्योंकि मुझे खुश देखता वो

25 अधूरा रह गया.........

छोटा सा उम्र था

प्यार का जिक्र था

साथ निभाना था
थोड़ा सा और खिलखिलाना था
पर अधूरा रह गया.........

साथ हँसते थे
साथ ही हम आँसू बहाते
एक समझदार था
तो दूसरा नादान
जब नादानी ने खिलखिलाना चाहा
तो उसके सपने वही गए टूट
काँच के तूकड़ों में खोजती रही वह अपनी जिंदगी
पर वो खोज भी अधूरा रह गया

साथ रहने का वादा था
एक दूसरे के बिना सब कुछ आधा था
शायद एक को प्यार
और दूजे को इबादत था

कहना चाहती थी उससे कुछ
पर समय का साथ अधूरा रह गया

जीना चाहते थे एक दूसरे के पनाहों में
सोना चाहते थे एक दूसरे के बाहों में
वो रात भी आज अधूरा रह गया

वो चादर से लिपटकर आँसू बहाती रही
दीवार के पपड़ियों को अपनी कहानी
सुनाती रही
उसकी वा कहानी का हिस्सा
आज अधूरा रह गया...

दोनो का छूप, छूप कर यूं एक दूसरे को देखना
तनहाइयों में उसकी परछाई के पीछे भागना
तो परछाई का किस्सा भी
आज अधूरा रह गया.....

घड़ी के काटे टिक टिक करते रहे

नल से पानी टप टप करते रहे

सुनाई तो दिल की धड़कनें भी देती रही

पंखे के खड़ खड़ में खुद को ढूंढ़ती रही

न जाने इतने तन्हाइयों में किसको खोजती रही

उसकी वो खोज भी एक फकीर की तरह

अधूरी रह गई....

एक नजर देखने को तरसते हैं आज

एक लफ्ज कहने को तरसते हैं आज

कभी माफी ता कभी गरजते हैं आज

कह नहीं पाते शायद सपने मासूम दिल का हाल

और क्या........

उनकी अनकही दास्ताँ का एक पन्ना

भी आज अधूरा रह गया

26 क्या रिश्ता था........

आपने तो ये बताया ही नहीं
रिश्ता क्या था हमारे और तुम्हारे बीच
पढ़ने चले हम चंतजपबपचसमे पर पता न था
कौन हा तुम और कौन है हम
मिले थे हम सूरज के उस पहली किरण के साथ
जो फैलाती है हमारे जिंदगी के सारे किरणों को
इज्जत तो तब भी था तुम्हारें लिए
पर प्यार न था
बातें तो तब भी करते थे हम तुमसे
पर अपनापन न था
धीरे धीरे निकलता गया घड़ी का काँटा
शायद तुम समझ गई हमें

पर हम अभी भी अन्जान थे तुमसे

जिन हवाओं ने रोका तुम्हें समझने से

खफा थे हम उन सबसे

कहते कहते इतना कुछ दे दिया तुमने हमें

चाहें भी तो धन्यवाद नहीं कर सकते हम तुम्हारा

जब तुम्हारे लिए प्यार आया

जब अपनापन पनपने लगा हमारे और तुम्हारे बीच

तब शायद तुम्हें हमारा साथ पसंद नहीं आया

और तय कर लिया तुमने सफर सबसे दूर

पर अब तक तुमने बताया नहीं आखिर क्या रिश्ता था

27 निर्भया

वो संदिग्ध हालत में तड़पती रही
और मैं उसे तड़पाता रहा
वो खुद को बचाने की कोशिश करती रही
और मैं उसे नचाता रहा
वो अपनी इज्जत बचाती रही
और मैं अपनी इज्जत गँवाता रहा
वो माँ–माँ कहती रही
और मैं अपनी माँ को भुलाता रहा
वो बेचारी खून के आँसू रोती रही
और मैं उसे देख हँसता रहा
वो मुझे इंसानियत सिखाती रही
और मैं जानवर बनता चला गया

वो चिल्लाती रही दर्द में
और मैं उसके एक–एक हिस्से को नोंचता रहा
अरे क्या कसूर था उस मासूम का
जो मैं देह की खुशी के लिए
किसी के जाने से खेलता रहा
आज जब खुद उस मुकाम पर हूं
तो बस शर्मिंदिंगी की पंक्तियाँ ही लिखता रहा

28 पापा हूँ न

वो समझते मुझे
और सपने भूल जाते वो मेरे लिए
और कहते पापा हूँ न
रूलाती मैं उन्हें पर चुप वो मुझे कराते
गलती मुझसे होती
पर माफी वो खुद से माँगते
और कहते पापा हूँ न

माँ की बात को नकार देते
पर मेरी बात को कान लगाकर सुनते
पक जाते मेरी बातों से वो
फिर भी राहें वो मेरे लिए चुनते
और कहते पापा हूँ न

दिल तो मैंनं बहुत दुखाया है उनका
फिर भी वो मेरी खुशी चाहते
जा लेते वो घुट घुट के
पर मेरे मन की घुटन सहन न कर पाते
और कहते पापा हूँ न

कमर का दर्द चौबीसों घंटा सहते
पर अस्पताल से दवाई मेरे लिए लाते
ऑफिस से घर तपते धूप में आते
पर स्कार्प लगाने की हिदायत मुझे देते
और कहते पापा हूँ न

अपने कामों को पेंडिग रख लेते
पर मेरे हर काम में अपना हाथ बटातेष
अपनी बड़ी बड़ी जरूरतों को छुपाकर
मेरी छोटी छोटी जरूरतों को पूरा करते

और कहते पापा हूँ न

स्कूल मुझे जाना रहता
और मुझसे पहले वा उठते
उनका मूड खराब रहता
पर दिन गुड बनाने के लिए मुझे प्यार से उठाते
और कहते पापा हूँ न

घूमने का मन नहीं रहता उनका
पर वो मुझे घूमाने ले जाते
अपने सारे तनाव भूलकर
मेरी खुशी में खुशी का दिखावा करते
और कहते पापा हूँ न

उदास तो वा रहते
पर खुश रखने का उपाय मेरे लिए खोजते
जितना भी दिल दुखा लूं मैं उनका

65

पर एक पिता का फर्ज वा कभी न भूलते

जितना भी बुरा बोलदूं मैं उन्हें

हमेशा मेरी तारीफ करते

खुद अकेले हो जाएं

पर मेरा साथ कभी न छोड़ते और गर्व से कहते

आखीर एक पापा हूँ न

29 पर यूँ ही न कह दो कि मैं किसी लायक नहीं..........

अपनाओं या ठुकराओ

पर एक बात तो बताओ

न करो प्यार पर दिल से सहलाओ

पर यूँ ही न कह दो कि मैं किसी लायक नहीं..........

गलती का दूसरा नाम नादानी भी तो है

समझौता का दूसरा नाम प्यार भी तो है
माना किया है मैंने भी समझौता
पर इसे भी प्यार भरी नादानी.......
अरे नहीं, नहीं!
आपके लिए तो यह भी गुनाह है
माना की हूं थोड़ी नालायक
पर यूँ ही न कह दो कि मैं किसी लायक नहीं........
..
अभी भी याद है वो दिन
जब गलती से निकल पड़ी थी
एक गाली मेरे मुँह से
शायद न जानती थी उस वक्त
उस गाली का भी मतलब
फिर भी समझा था न मैंने
उस प्यार भरे समझौता का मतलब
अगर मारने या डाटने से सुधर जाती
तो क्यूं नहीं उठाया था हाथ मुझ पर

लाडली....जी हाँ लाडली थी इसलिए

यह फिर वो भी एक समझौता.....

मेरे कहने का मतलब

शायद आपका प्यार

आखिर समझौता का दूसरा नाम प्यार ही तो है

जैसे वो कल की बाता हो

जब उठाया था हाथ मुझ पर

शायद वो भी था आपका प्यार

शायद वो भी था आपका अधिकार

पर अब मैं आपकी लाडली नहीं थी

बंट गया था आपका प्यार एक से तीन लोगों में

शायद तब किया था मैंने समझौता

न समझ पाओगे मेरे भावनाओं को

न समझ पाओगे अकेले धुन सुनने की वजह

हो गयी हूं बिल्कुल अकेली

पर यूँ ही न कह दो कि मैं किसी लायक नहीं.........

29 बस फर्क यही है

तुम कह देते हो हम सुन लेते हैं
जब हम कहतें हैं तो नासमझ कहलाते हैं
तुम कहते तो तकलीफ हमें भी होती है
पर हम नहीं कहते

ताकि तुम्हें दर्द न हो
बस फर्क यही है

तुम समझाते तो हम समझते हैं
अगर नहीं समझते तो कोशिश जरूर करते हैं
जब हम समझाते हैं
तो आप समझना ही नहीं चाहते
इस नासमझ के आँसूओं को रोकना ही नहीं चाहते
बस फर्क यही है

अपनी जिंदगी थाम दी हमने आपके हाथ
अपनी उम्मीदें जोड़ दी हमने आपके साथ
कद्र ही नहीं तुम्हें इन सपनों की
और हमें फिक्र है आपके अपनों की
बस फर्क यही है

कह देते हैं हम बिना सोचे अपनी दिल की बात

पर पता न चलने देते हैं

आखिर क्या है इन हँसती हुई होठों के पास

हमारी आँखों ने भी सीख लिया है

बारिश के मौसम में रहना

दिल की तो बात ही छोड़ो

अब इसे कुछ भी न कहना

तुमने तो अपने आँसू भी हमें दे दिये

और हमारी आँखो का क्या कहना

इन्होंने इसे खुशी खुशी ले लिए

बस फर्क यही है

दोस्त हमारे भी हैं और तुम्हारे भी

कोशिश करते है हमारे यार

हमें समझने की और तुम्हें समझाने की

तुम्हारे दोस्तों ने तो बहुत कोशिश की तुम्हें समझाने की

पर समझाया भी तो क्या?

कि क्या जरूरत है हमें समझने की

बस फर्क यही है

प्रेम तुमने भी किया है
और प्रीत हमने भी लगायी है
तुम्हारा प्यारा तुम्हारी जरूरत है
तो हमारी प्रीत हमारा इज्जत
बस फर्क यही है

30 कुछ तेरे लिए भी

किया है मैंने हर फूल की महक

और कोमलता को महसूस

पर तू एक फूल है

यह महसूस न कर पायी

चाँद की चाँदनी देखने को तरसती हूं

पर तेरे चेहरे की छुपी हुई चाँदनी

नहीं देख पायी

होता सर्दी और जुकाम मुझे

सबसे ज्यादा चिंतित तू होती

पर तेरे चहरे की उस चिंता को न पढ़ पायी

तू मारती और डांटती मुझे

तो आँखों में आँसू भर आते मेरे

पर जिस वक्त तूने मुझे हँसाया

वो पल याद न कर पायी

मैं जब बोलती हूं बुरा तुझे

तो तेरी नाराजगी ही दिखती है मुझे

पर छुपके तू ने जो आँसू बहाये

उन आँसूओं को न रोक पायी

इतना कुछ किया तू ने मेरे लिए

फिर भी तेरी अहमियत न समझ पायी

कहने को तो बहुत कुछ है

फिर भी दो–चार पंक्तियाँ लिख पायी

31 शायद आज आजाद हूँ

आँधी और तूफानों से
दुनिया के इन अफसानों से
शायद आज आजाद हूँ
दुख और दर्द से
खुशी के कर्ज से
शायद आज आजाद हूँ

नहीं दबें है आज मेरे सपने किसी अपने से
नहीं खोई है मेरी खुशी किसी के रोने से
सोचती हूं अपनी भावनाओं से
शायद आज आजाद हूँ

किसी के सच्चे झूठ से
किसी के झूठे सच से
किसी के पहनावे से
किसी के दिखावे से

शायद आज आजाद हूँ

कुछ अनजानी घटनाओं से
कुछ अनकही कल्पनाओं से
सपनों भरी बातों से
प्यार की उस मंजिल से
शायद आज आजाद हूँ

32 जब...........

जब उनकी आँखों में देखा
तो गम से भरा सागर नजर आया
जब उस गम को खुशियों में बदलना चाहा
तो हमें अपना ही दिल मजबूर नजर आया
वो यही सोचते रहे हमें उनकी परवाह नहीं
जब हमनें उन्हें समझाना चाहा
तो उनका विश्वास टूटता नजर आया
सपने तो हम अभी भी देखते रहे
पर जब हमने उसे पूरा करना चाहा
तो उनका सपना टूटता नजर आया
वो हमारी हँसी देख हँसते रहे
और हम अपने आँसूओं को यूंही रोकते रहे
पर जब उन्होनें ने हमें दिल से सराहा

तो हमारा आँसू मोतियों में बदलता नजर आया

उन्होंने तो अपना सफर अकेला तय कर लिया

पर हम अभी भी अकेले फकीर थे

जब उन्होंने हमारा हाथ थामा

तो ये राह भी मंजिल में बदलता नजर आया

हमारे और उनके बीच की दूरियां यूं बढ़ती रही

वो समझ ही न पाये

और हमारी जिंदगी आग से खेलती रही

हम छुप छुप के चादर के सहारे यूं ही रोते रहे

और हमारी झूठी हँसी हमें उनसे दूर करती चली गई

जब समझ आया अहमियत इस प्यार भरे रिश्ते का

तो ये फैसला भी मिटता नजर आया

33 बस थोड़ा सा और अपना मानकर

जब तू होता है मेरे सामने
डर की लकीर सी बन जाती है चेहरे पर
अंदर की खुशी अंधेरे में छुप सी जाती है
वो खुशी आज तू पहचान ले
बस थोड़ा सा और अपना मानकर

बोल तो बहुत कुछ देती हूं नाराज सी होकर
पर कह न पाती कुछ भी तेरी हमराज सी होकर
कुछ अनकही दास्ताँ जो दब सी गई है तुझ से
ओ बातें आज तू सुन ले
बस थोड़ा सा और अपना मानकर

मत यकीन कर मेरी झूठी सी हँसी पर

पर दे दे सच्ची हँसी अपने कंधे मे जगह सी देकर
एक झलक देख ले मेरी छुपी हुई धड़कनों की आँसे सी
जिंदगी को
वो आँसू भी ल`ले
बस थोड़ा सा और अपना मानकर

कोस ले तू जी भरकर
पर दूर न कर यूं गैरों सी समझकर
नाता है तूझसे एक प्यार का
साया हूं तेरे एक दुलार का
परछाई भी अपनी मुझमें समाने दे आज
बस थोड़ा सा और अपना मानकर

मत कर मेरी इज्जत तू भीड़ में
पर एक नमी छोड़ जा अपने आँखों में
मत पुकार प्यार से मेरा नाम
पर नफरत मत भर अपने लफ्जों में

कोशिश कर और प्यार से आज पुकार ले
बस थोड़ा सा और अपना मानकर

कदम मिला ले तू दुनिया के अफसानों से
पर एक हाथ से मुझे भी थाम ले
मत देख कि मैं जिंदा हूं या नहीं
पर मेरे कफन में एक बूंद मोती भेंट करता जा
आज भूल जा मेरी गलतियों को
बस थोड़ा सा और अपना मानकर

मत कर मेरे सपनों को पूरा
पर यूं न चला जा मेरे ख्वाबों से दूर
चल चलते हैं तेरे सपनों की डोर बूनने
शामिल मुझे भी कर ले
अपने उस सफर में
बस थोड़ा सा और अपना मानकर

34 टीचर की गलती (a tribute to Ashwin from me)

कभी टीचर से पूछना ,"क्या है उनकी गलती??"
आखिर क्या है उनकी गलती
बेशक वे कहेंगे,"गलती उनकी नहीं बच्चों की है"
पर कभी मासूम बच्चों से क्या हे टीचर की गलती
तो बेशक वे काँपते हुए ठहर जाएँगे
और।मुँह से केवल वही । लफ्ज नीकलेगा
" सॉरी सर
सॉरी मैम"
यही है टीचर की गलती

आखिर क्या करें बच्चें क्या ना करें बच्चें??
ना खेलें ना कुदें
न मौज करें न मस्ती
तो क्या करें सिर्फ पढाई ??
क्या कर लेंगे बच्चे पढाई करके
कौन-शा पहाड तोड लेंगे

इस पढाई के पिछे पडकर
इन्जिनीयर बनेंगे डॉक्टर बनेंगे
तो कौन बनेगा सचीन तेंदुलकर???

यही हे टीचर की गलती

आज की पढाई ,पढाई कहने लायक नहीं रह गई
न कोई पर्एक्टीकल
न कोई मैजीकल

हमारी मैडम मा समान नहीं रह गई
बन गया उनका भी दील पत्थर के समान कठोर

बच्चा चिल्लाते हुए तडपते हुए माफी माँगता हे
फिर भी उन्हें सस्पेंड कर दीया जाता है??

और वह अश्वनी जैसे कदम उठाने पर मजबूर हो जाता हे
फिर भी उसे इंसाफ नहीं मिल पाता

आखीर इंसाफ दिलाए कौन???
माता-पिता,भाए-बहन,दोस्त या फिर खतरनाक टीचर???

यही हैटीचर की गलती!!!

जीलो जिन्दगी

जीलो जिन्दगी जी भर के
छूलो आसमान कुछ कर के
जिन्दगी तो है एक डगर
जहां तय करना है तुमको अपना सफ़र

सफ़र वो जो तुम्हे खुशी दे
ग़म भी आये तो जीले बेखबर

जीवन तो है एक रेल की पटरी
रेल चलनी है जिसमे तुम्हारी

वो रेल जो अरमानो की है
खेल जिसमे कुछ पाने की हो

जीलो जिन्दगी जी भर के
छू लो आसमान कुछ करके

अंगारो पर तो चलना ही होगा
कुछ पाने के लिये तो कुछ खोना ही होगा

अगर इरादों में हो दोगुनी चमक
तो जिन्दगी में भी होगी खुशियों की महक

36 वो बचपन

आई जब सर पर समझदारी
तो याद आई वो बचपन प्यारी
वो बचपन प्यारी
वो बचपन प्यारी

वो बचपन जब गलती करने पर बचचे कहलाते
वो बचपन जब झूठ बोलने पर दिल के सचचे कहलाते

पर समझदारी के आजाने के बाद
गलती करने पर हम डाँट खाते
और झूठ बोलने पर मार खाते

वो बचपन जब हम चाँद को भी।मामा समझते
वो बचपन जब हम धूल मिट्टी को भी खाना समझते

पर वो बचपन गई तो गई कहाँ
क्यो ले लीया समझदारी ने उसका पनाह

उस जहाँ की जब मुझे याद आती है
तो ईन प्यारे आँखों में आँसु भर आती हे
और हर एक बुँद मुझसे यही कह जाती हे
कहाँ गए उन सब के हाथ
जो आँसू हटाकर तेरे चहरे पर हसी लाती है

तब वो बचपन बडी याद आती हे

वो बचपन जहाँ छोटी सीबस्तीथी
पानी का किनारा था
खेलने की मस्ती थी
दील ये अँवारा था
कहाँ आ गये ईस समझदारी के दलदल में
वो नादान बचपन ही कितना प्यारा था

37 कभी तो

कभी तो मेरी याद आती होगी
कभी तो मेरी फ़रियाद आती होगी

कभी तो तुम्हारा दिल मुझे ढूढता होगा
कभी तो ये तुमसे शिकायत करता होगा
कभी तो मिलने को तरस्ते होगे
कभी तो भीड़ में मुझे ढूढते होगे

और ढूढते-ढूढते जब साहील पर पाहुंचते होगे
तो फ़िर वही पुराने दिन याद आते होंगे

और हर एक याद से शायद आप यही पूछते होंगे

क्युं दिया मैने धोखा उसे
क्या कसूर था उस मासूम का
जिसने मुझे जीना सिखाया
जिसने मेरे प्यार को सरहाया
जिसने मुझे दील का रिश्ता क्या है समझाया
जिसने मुझे मा-पापा का महत्व समझाया

अरे क्या कसूर था उस बच्ची का
अरे वो तो नादान थी
पर मैं तो समझदार था
क्यों नहीं समझ पाया मैं उसे

आज आँसू की हर एक बुंद मुझसे यही पूछती है
"क्यों नही समझ पाया मैं उसे??"

38 दीवारों ने कहा

जब आई एक परी आसमान से
तब खिल गये हम अरमानों से
वो हँस्ती वो रोती वो खिलखिलाति
पर हमारे पास जरूर आती
दुख तो बहुत होता जब वो हमसे टकराती
दर्द भी होता पर वो समझ न पाती
मासूम सी मीनल जब लगने पर हमें मारती
लगता कोई अप्सरा हमे मारती

न जाने कहाँ गई वो आँचल
न जाने कहाँ गई उसकी शरारतें

आगई एक प्यारी सी बच्ची
थोडी कच्ची पर दील से सच्ची

देखते देखते पाँच से आठ
और आठ से सोलह की हो गई ह
पर उसकी आदतें अप्सराओं जैसी ही हैं
गुस्सा आता तो हमें मारने को दौडती
नाक के गंदी चीजों को भी हमारे उपर ही पोछती
पढते समय जब टीकती हमारे उपर
तब ऐसा लगता मानों किसी ने हमें सहलाया सब कुछ छोडकर
जब समय नहीं कटता उस पागल का
तब आती और गोद जाती नाम खुद का
जब पड़ता डाँट उसे तो मेरे पास इस कदर आती
मानों मैं ही हूं सहारा उसका
खुद को कोसती खुद को धिक्कारती
पर मैं न कुछ न कर सकता
कैसे लाऊँ हँसी उसके चेहरे पर
मैं चाह कर भी कुछ बोल नहीं सकता
अपने दिल की बात बताये तो वो किससे
यही सोचकर रो पड़ा मैं फिर से
लिखती है दिल की बात
वो अपनी कविताओं में
कुछ खास बात तो है उसकी कल्पनाओं में
कि उसने हमें भी शामिल कर लिया

अपनी बाल लीलाओं में
सबका साथ होते हुए भी
समझती है खुद को अकेली
बेशर्म है पर दिल से है बहुत शर्मीली
हमसे जब बातें करती है
वो खुल के
बदल जाते सपनों में ....
उसके वो दिन स्कूल के
ऐसा लगता जैसे हम है कोंई उसके अपने
वरना क्यूं बताती हमें अपने हर सपने
बोलने को तो बहुत कुछ है उसके बारे में
पर कह ना पायेंगे हम इस छोटे से पन्ने के सहारे
आशा है हम रहें उसके दिल के किसी कोने में
न रोकेगी खुद को वो हमें अपनाने से
हम दीवारों ने तो कह दी अपनी जुबानी
पर न जाने कौन समझेगा उसकी हर व्यथा हर कहानी

1)THAT'S WHAT I CALL A TRUE....

When no one is here,

When no one is there

When no one asks

When no one talks

When there is no one suitable

Still there is someone special

That's what I call a true....

When everybody asks when,where &why,

He always says I am trying

To love me to save me

To give me the true smile

That's what I call a true…

When I stand in a dead cold

Everyone says &everyone sees

But no one understands what I feel

He gives his jacket in that cold

And provides his helping hand to make me bold

That's what I call a true….

One who knows what I was & what I am

And still loves me without any claim

He who shares his every cream

He who cares my every dream

That's what I call a true….

One who understands me

Even when I am sad &aloof
Who likes me &not my face
Who is sweet sweeter than money
That's what I call a true......

2)Life

Life is a game
It's a way to get name and a fame
When it lays everybody plays
Either we lose or we win..

Life is a gate and it is locked
Nobody can enter as key is ours.

When it open things are chosen
Either it is good or it is bad

Life is a stage
We have to come and we have to go
Play our part and our show
Either we are remembered or forgotten

Life is a hill
We have to stair and we have to win
After reaching there success will be seen
Success is sweet such as a fruit
It's secret is sweat which makes us wet..

Life is a plant have flower and thorns
When we are happy it becomes flower
Likewise sadness makes life a thorn
So be in high spirits & foot the bill
And what will be the success you will feel

Love is life or life is a love

Friend is a life or life is a friend

Whatever it is but life is a life....

3)If u....then I....

If u are a mirror...then I'm an object...

If you have a good surface..then I have a good focus

If you are a plant

Then I'm a flower

If you have a good growth

Then I have good fragrance

If you are A petrol

Then I'm A bike

If you have a A good quantity

Then I reach faster to my goals

If you are a A teacher

Then I'm A student

If you Teaches well

Then My knowledge gets full

If you are a A diya

Then I'm A light

If you have a Oil

Then My future is bright

If you are a A copy

Then I'm A pen

If you have a Good quantity of paper

Then I'll see my success much better

If you are a A book

Then I'm A learner

If you Consists good things

Then I reflect good things

If you are a A soul

Then I'm A body

If you have a A pure heart

Then 'I have a pure feelings

If you...then i....

4)Is this love????

When I'm alone

When he is alone..

Then world seems to be alone???

And heart gives me a tone^^^

You have already sown

You have to reap and go to his deep...

Then it hurts me a lot...

IS THIS LOVE?????

World says it is a affair

No no!!! it is not a fair

He says me "JADU PLS.TAKE CARE"

I think these words are so rare

But when caring gets lost

Then only crying is the cost

Then it hurts me a lot

IS THIS LOVE?????

I'm special to him, Is this true??

I'm important to him , is this true??

"no no!! baby,this is fake"says my mind

Heart fight against it and..prove he is so kind….

Ask me with passion!!!!

"a lover like him do you ever find??"

Then it hurts me a lot

IS THIS LOVE???????

Only he comes in my dream

And says he is mine

He is my life he is my love...

Never leave me alone....

It is his tone

Then it hurts me a lot

IS THIS LOVE?????

When Romio and Juliet divides...

Their heart breaks and they collides

But do you ever think???

What happened with Jadu's king...

He put his every effort to make her happy

Imagine her in his bed when his mood is sleepy

He want to live like birds

Cut his tongue for his wrong words..

These activities left a black spot..

Which hurts me a lot

IS THIS LOVE???

In this loneliness .. their is no happiness

Everywhere it is empty !!empty!!and emptiness!!!

What's a world??what's a love??

What's a lover??what's a shower??

IS THIS LOVE???

5)WHEN YOU TAKE ME????

When you take me ???

From these crowd of tears

When you take me??

From these shadow of fears

Neither you try nor you take

I think your love is only a fake..

I will everything for your sake

But when you take me ???

From this world of black....

Stars are glittering but not for me..

Sun shines everyday but not for me...

Tell me my life..tell me my love

When you take me from this loneliness??

When you take me from this sorrow ness??

Nothing is mine

Although it's my dialogue that everything is fine

Every night is hard for me

Every fight is war for me

And every second is hard for me

The tears become so close to me

That happiness lives far away from thee

Every tear come in my eyes

With a hope of finding someone to be mine

It's every dream get broken at night

When it finds no care for mine

Even after it shines like a bead

In the hope of getting happiness's seed

But this comes from you my life

So tell me my destiny

When you will be mine????

And when you take me..

In the land of happiness

I'm waiting only for you

And I just feel.. lonely without you

So take me from here....take me...

6)because…every coin has two faces

bound with fears

and the sound of tears

in the midst of black night

in the world of great fight

lives a girl

she needs care

as nothing is fair

she used to cry

even then she tries

.....and say she will do something

Because...every coin has two faces

somebody criticises her

somebody utilises her

.....but she always sacrifices her

thinking that every coin has two faces....

she loves everyone

...even knowing about the world of fantasy

always find her broken trust

even she loves without getting frust

...hides her tear in the rain of sorrow

smile as if she has special tomorrow

and then also....

....the coin has two faces

7) I miss something...

beneath the shadow of tree
in the wind of thee
on the laps of nature
in the naps for second
I miss something.....

in the cold of night
in the rain of love
when the sunshine is bright
when the moon at my sight
when the stars are smiling
I miss something....

in the group of friends
when talking of trends
during the bite of chocolate

in the fight of sharing

I miss something...

when thinking of something

in the poems of mine

in the lovable crimes

I miss something...

birds fly with the new cheers

I see them without remembering my own tears

in the heaven of freedom

my "dil" wanna fly

but in the journey of fantasy

I miss something....

in the fight of chalk

in the lessons of chemistry

when I derive formulas

when I Lauren about candela

that time ...truly saying

I miss something

in the love of pa

in the care of Maa

in the childhood of siblings

in the dreams of my dream

I miss something...

in the crazy beat of my career

in the bed of my wishes

in the hope of red letter day

need the support of someone

in the trust of god

I miss something.....

8)more than the brother

above all the relations
above all the creations
above all the fantasies
and the created things
above a the wisdom
.....and the ways of men

you were there before the world began
criticised by me...most of the seconds
even you were present to love and beloved

take the fall and pardon me
.....for the sake of your sis

never stopped giving me strength
....when I was rejected and left alone

never put your efforts down

.....always there for giving me the power,

to face this devil like world

filled this empty vessel

.......with positive attitude

and show me the path to jump to high altitudes

hide your own emotions.

.....and understand my heart's motion

defining you a brother only

....is simply a piece of coke

dear u are the ray of sun

....which makes my life full of hope

9)AM I??

Am i crying??

no its just the tears of missing you

am I smiling??

no its just the remembrance of good memories

am I missing you badly or madly??

no its just the curiosity of seeing you good

am I waiting for you to meet???

no its just the wish to have a sleep in your slap

its not that I wanna hug you

its just the need of your strength that let me survive

its not that I m hungry for your forehead kisses

its just the infinite care for mine

the fight between us

makes me the winner

the love between us

makes me the luckiest

your care for me

makes me more obstinate

your support and patience

reflects an idol person before me

love the way you are

like the way you live

respect the way you sacrifice

salute the way you work to earn

10)SOMETIMES......

sometimes you need to change for the person you love the most......

sometimes you have to shut your mouth for three words "I LOVE U"......

sometimes you have to hide your tears and sometimes you have to show these tear to prove your love......

sometimes you have to hide your maturity to understand the person you love the most......

sometimes you have to call a person who don't wanna talk to you..........

and sometimes you have to hate the person you love the most.....

......its complicated...

1)A person hurts the one who love him the most for the one whom he loves the most and the chain continues....that's why only few are happy in this league

2)Sometimes a single,"hi" from anyone consists of dozens of words.It's your duty to start with abother line,"are you OK?"

3)The two T's are the base for any relation, TRUST and TIME,because if you have trust and don't have time then what's the need of the relation when that trust can't help at a time....and if you have a time and

don't have trust then what's the need of relation if u
can't share your felling due to lack of faith

4)possessiveness is the outcome of true love
anger is the outcome of care
smile is the outcome of affection
n true friendship is the outcome of all these

5) sometimes it's better to swallow your tears your
feelings your love your care
doesn't matter how much strong and extrovert u are
sometimes its better to compromise with what you
want because its better rather than losing a person
forever
sometimes its better to forget your past completely
because it hurts your present and future

Printed in the United States
By Bookmasters